À nos enfants
qui nous poussent à nous engager toujours davantage,
A.B. et B.J.-G.

À Augustin, mon adorable filleul,
H.P.-B.

Textes : Bénédicte Jeancourt-Galignani et Anne Bideault
Illustrations : Hubert Poirot-Bourdain

L'éditeur remercie les éditrices Estelle Taconnet
et Sophie Pelloux-Prayer pour leur investissement dans ce projet,
ainsi que le P. Grégoire Catta sj, théologien.

Les citations bibliques de même que celles du pape François
ont été réécrites et adaptées pour nos lecteurs.

18 rue Barbès, 92120 Montrouge
ISBN : 979-1-0363-1746-0
Dépôt légal : avril 2021

Loi n°49-956 du 16 juillet 1949 sur les publications destinées à la jeunesse.
Imprimé en Roumanie par Rotolito sur du papier issu de forêts gérées durablement.

Bénédicte Jeancourt-Galignani et Anne Bideault,
Hubert Poirot-Bourdain

Je veille sur ma planète

bayard jeunesse

La Terre est notre maison commune.
Elle est comme
une sœur avec laquelle
nous partageons notre vie.
Elle est comme une mère
qui nous accueille à bras ouverts.

Pape François – *Laudato Si*

Laudato Si

En 2015, le pape François a écrit une longue lettre aux chrétiens du monde entier pour leur demander de se bouger pour la planète et tous ses habitants. Cette lettre, qu'on appelle une encyclique, a pour titre *Laudato Si*, ce qui veut dire « Loué sois-tu » en italien médiéval (langue de saint François).
Petit résumé du message du pape :

La création toute entière est un cadeau que Dieu nous a confié.

Toute personne est sacrée et doit pouvoir vivre dignement.

Être solidaire les uns des autres, ça rend plein de choses possibles.

Notre mode de vie ne doit pas nuire à la santé de la planète.

Cette lettre invite les chrétiens à vivre l'Évangile, c'est-à-dire à suivre Jésus. S'aimer soi-même, aimer ceux qui nous entourent, aimer ceux que l'on rencontre et qui sont différents, aimer la nature, aimer la vie… et la respecter sous toutes ses formes ! Être attentif chaque jour à ce programme d'amour auquel Jésus nous appelle, c'est un effort à notre portée, qui peu à peu rend le monde plus beau.

Tu trouveras dans ce livre plein d'idées pour participer à la construction de ce monde solidaire, juste, propre. C'est parti…

Le pape François

Chrétiens, bougez-vous !

Jorge Mario Bergoglio est né en Argentine en 1936. Il est ordonné prêtre, puis nommé évêque. En 2013, il est élu pape. Il choisit alors de s'appeler François, pour prendre François d'Assise comme modèle. Ce qu'il veut avant tout, c'est rester simple, proche des pauvres et des exclus, comme saint François... et surtout comme le Christ. Quand il voyage, il rend visite aux détenus, aux réfugiés, aux habitants des bidonvilles. Il prend le temps de les écouter, de prier avec eux. Il encourage les chrétiens à simplifier leur vie, à se rendre proches de ceux qui souffrent, à accueillir les autres sans les juger, à aimer tout simplement, comme Jésus.

Prière pour la Terre

Dieu Tout-Puissant,
Toi qui entoures de ta tendresse tout ce qui existe,
répands sur nous la force de ton amour
pour que nous protégions la vie et la beauté.
Inonde-nous de paix, pour que nous vivions
comme frères et sœurs sans faire de mal à personne.
Aide-nous à secourir les oubliés de cette Terre.
Fais que nous soyons des protecteurs du monde,
que nous semions la beauté et non la pollution.
Merci, parce que tu es avec nous tous les jours.
Soutiens-nous dans notre lutte
pour la justice, l'amour et la paix.

Pape François – *Laudato Si*

Une promesse de bonheur

le programme de vie d'un chrétien

Jésus a expliqué à ses disciples ce qu'il fallait faire pour le suivre.
C'est comme un programme d'amour qui conduit
les hommes à se relier les uns aux autres pour se soutenir :
cela rend le monde plus juste et plus beau.
Cela permet surtout de découvrir Dieu présent dans nos vies.

« Tu penses que, pour grandir, tu as besoin des autres et de Dieu ?
Heureux es-tu !
Tu agis avec douceur, tu parles la langue de l'amour ?
Heureux es-tu !
Si une grande peine te bouleverse mais
qu'elle te rende plus sensible à la peine des autres,
Heureux es-tu !
Tu cherches la vérité ? Tu défends la justice ?
Heureux es-tu !
Si tu écoutes la souffrance du condamné,
si tu remets debout un malheureux,
Heureux es-tu !
Tu cherches Dieu en toutes choses ?
Heureux es-tu !
En mettant en pratique cette Parole,
tu deviendras capable de construire la paix sur la Terre.
Ce ne sera pas facile tous les jours,
mais je suis là avec toi, aujourd'hui et toujours. »

D'après l'Évangile selon saint Matthieu 5, 1-12

Quel est le problème ?

Le développement de l'activité moderne influe sur le climat.
Ce dérèglement climatique pose de gros problèmes.
Les glaces fondent sur les pôles, provoquant la montée de la mer, qui risque d'inonder les villages côtiers ; les zones désertiques s'étendent ; la sécheresse grille les cultures ; il y a de plus en plus de tempêtes, d'inondations, de canicules.
Un groupe de scientifiques du monde entier (le GIEC) tire la sonnette d'alarme depuis 50 ans.
Et de nombreux citoyens s'engagent pour imaginer des solutions.

Le monde se bouge !

197 pays du monde se réunissent depuis 1995 pour discuter des actions à mettre en place pour protéger la planète. Leur but : limiter au maximum le réchauffement climatique, et pour cela réduire l'émission de gaz à effet de serre et, plus généralement, la pollution. Ces réunions, appelées COP, ont lieu chaque année. Mais les pays les plus pollueurs veulent garder leur puissance économique, les pays en voie de développement ne veulent pas freiner leur croissance... C'est un casse-tête pour mettre tout le monde d'accord ! Parallèlement dans le monde entier, des citoyens mettent en place des projets pour respecter davantage la nature et les hommes. Ce livre t'en donne des exemples. À toi d'agir ! Car les chrétiens, à la suite de Jésus, sont invités à respecter la vie sous toutes ses formes.

Dieu vit tout ce qu'il avait créé.
Tout cela était bon.

Livre de la Genèse 1, 31

Chaque organisme est bon
et admirable parce qu'il est
une créature de Dieu.
Et toutes ces créatures sont liées
entre elles. C'est ce qu'on appelle un
écosystème : un ensemble
harmonieux capable de capturer le
carbone, de purifier l'eau,
de contrôler les maladies,
de décomposer les déchets,
d'enrichir le sol.

Pape François – *Laudato Si*

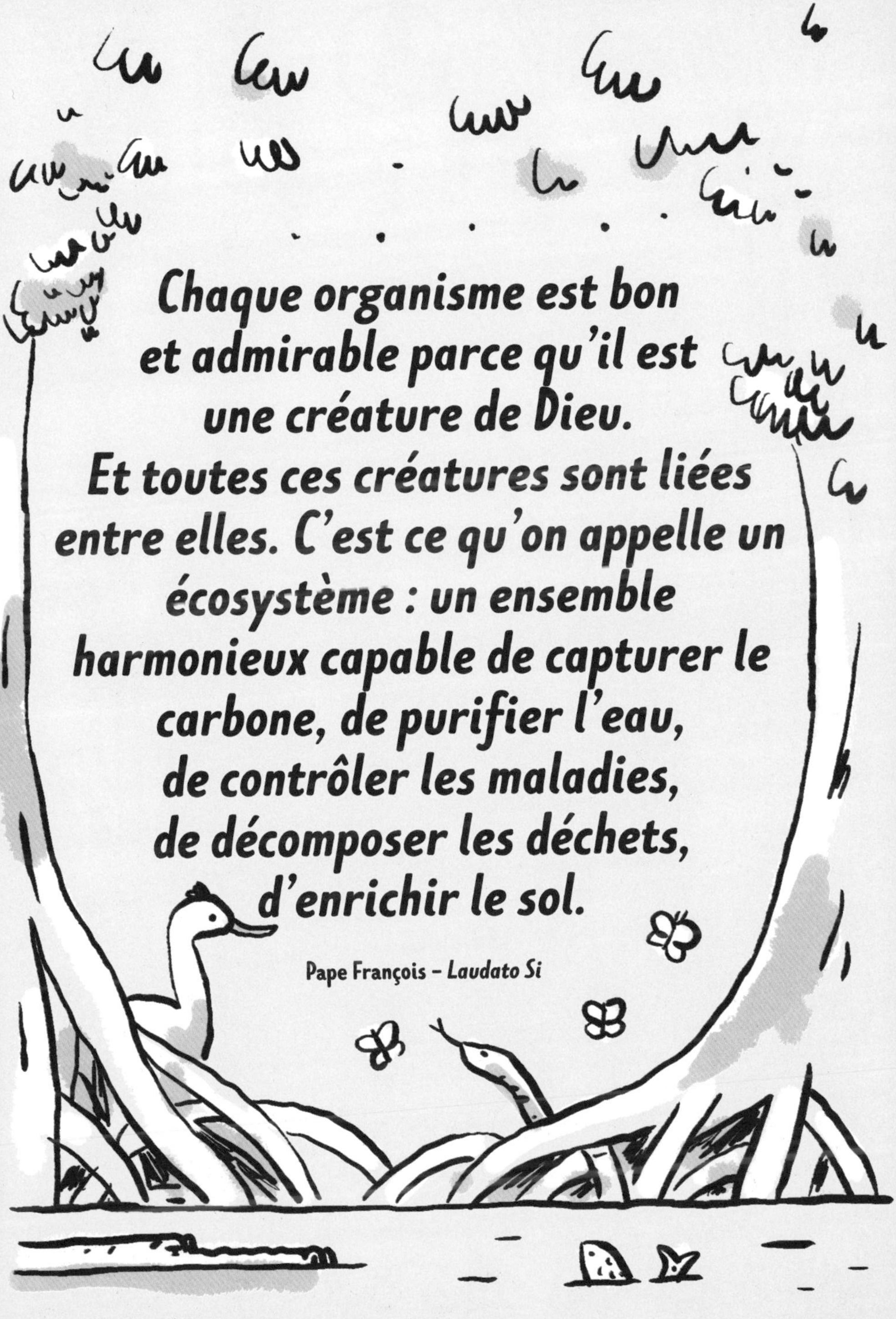

C’est la jungle !

Tu as la chance d’avoir un jardin ?

Fais-en un paradis pour les insectes et les oiseaux.

Délimitez une zone où vous ne passerez jamais la tondeuse. Les plantes sauvages vont s’y ressemer, les herbes vont devenir hautes, des fleurs vont éclore... Idéal pour que les insectes s’y cachent, et que les oiseaux s’y nourrissent.

Si vous avez un potager, tu verras : dès qu’il y a plus d’insectes, il y a aussi plus de légumes et plus de fruits !

Vous pouvez aussi installer des nichoirs.
Mésanges bleues, mésanges charbonnières,
chauves-souris, frelons d'Europe…
les formes des nichoirs sont adaptées à chacun.
Entassez dans un coin des branches,
des pierres, des broussailles. Voilà un hôtel
à insectes vite fait, et efficace.
Avec un peu de chance, il plaira aussi
à un hérisson ou à quelques rongeurs.

Il ne faut pas penser que les petits gestes ne changeront pas le monde ! Éviter le plastique, réduire la consommation d'eau, trier les déchets, cuisiner seulement ce qu'on pourra manger, respecter les autres, utiliser les transports publics, partager sa voiture, planter des arbres, éteindre les lumières inutiles, réutiliser quelque chose au lieu de le jeter… Tout cela a de l'importance.

Pape François – *Laudato Si*

Je fabrique ma lessive

Une lessive parfumée, efficace, non polluante, à petit prix… c'est possible ! **Fabrique-la toi-même avec des produits naturels.**

2 litres

50 g

2 cuillerées à soupe

10 gouttes

1. Fais chauffer 2 litres d'eau.
2. Mélange dedans les copeaux de savon de Marseille avec un fouet.
3. Laisse refroidir.
4. Mélange le bicarbonate avec le fouet.
5. Mélange aussi 10 gouttes d'huile essentielle pour parfumer.
6. Laisse reposer.
7. Verse le liquide dans deux bouteilles en verre, à l'aide d'un entonnoir.
8. Avant chaque lavage, verse un verre de cette préparation dans le bac à lessive du lave-linge.

Secoue la bouteille avant utilisation.

Des stylos… verts ?

Que de plastique dans nos fournitures scolaires !
Quelques solutions pour essayer de l'éviter…

Poussière d'étoiles

Été ou hiver, quand la nuit est claire, éloigne-toi des lampadaires et lève le nez. Plonge ton regard dans les étoiles et laisse-toi porter. Chacune d'entre elles est un soleil, à des centaines de milliers de milliards de kilomètres de toi. Son éclat a peut-être mis 6 000 ans à nous parvenir. La moindre molécule de nos corps, nous la devons aux poussières d'étoiles qui se sont assemblées, ordonnées depuis la naissance de l'univers, il y a 14 milliards d'années. Ça te donne le vertige ? Les questions se pressent dans ta tête ? L'univers est fascinant, démesuré, angoissant parfois. Que sommes-nous ? Une poussière. La seule poussière capable de s'interroger sur sa place dans l'Univers. Ce n'est pas rien.

Loué sois-tu, Seigneur !

Ô Seigneur, notre Dieu,
ton amour dépasse tout ce qu'on imagine !

Quand je vois le ciel que tu as créé,
la lune, les étoiles et toute l'immensité,
je me demande qui est l'homme
pour que tu te soucies de lui.

Tu as voulu qu'il te ressemble.
Tu l'as couronné de gloire et d'honneur.
Tu lui as confié ta Création :
les troupeaux, les bêtes sauvages,
les oiseaux du ciel et les poissons des mers.

Ô Seigneur, notre Dieu,
ton amour dépasse tout ce qu'on imagine !

D'après le psaume 8

Bon anniversaire, la Terre !

Quelle joie d'inviter ses amis ou d'être invité à un anniversaire !
Et si, en plus de faire la fête, on limitait nos déchets ?
Voici quelques idées.

Pourquoi ne pas demander aux invités de participer au buffet en apportant leur spécialité

Coupe des triangles dans des chutes de tissus, et relie-les par un fil ou un ruban. Avec une machine à coudre, c'est très rapide, et tu pourras t'en resservir à d'autres occasions.

Le tissu ou le papier déjà utilisé (vieux cahiers, magazines, journaux, cartes routière sont parfaits pour les paquets cadeaux de récup !

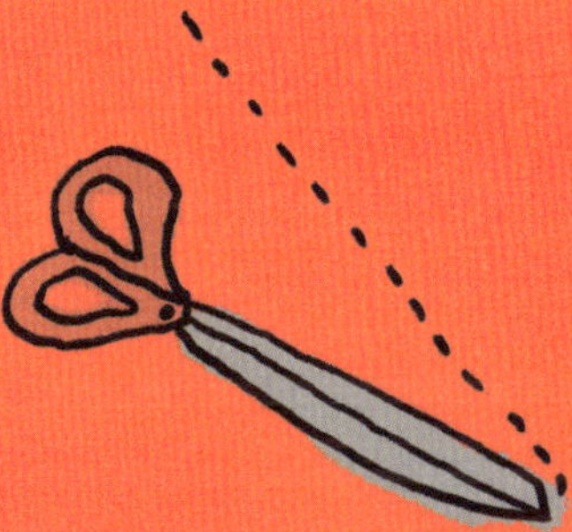

Un jeu d'occasion, un gros cadeau offert par tous les invités réunis, ou un « bon pour » vivre quelque chose ensemble, ou même rien… Le plus beau cadeau, c'est de faire la fête ensemble, non ?

Sur ton invitation, tu peux expliquer ton souhait : « Je rêve d'une fête zéro déchet. Voulez-vous m'aider ? »

Un gâteau maison, c'est tellement meilleur !

Les serviettes en tissu se lavent.

Si tu adores les pailles, il en existe en métal ou en carton.

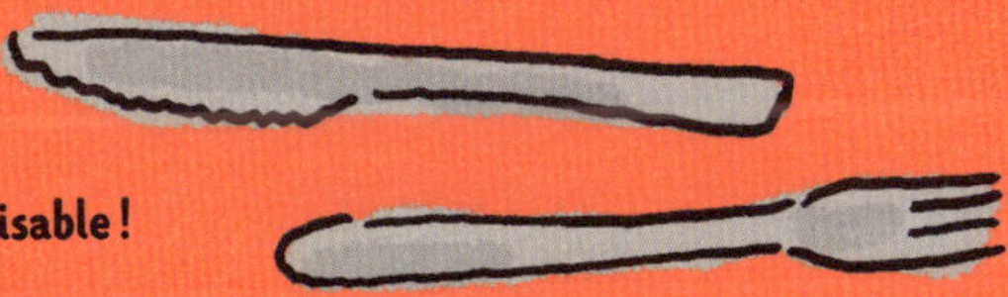

Vive la vaisselle traditionnelle, elle est réutilisable !

Des poireaux sur les toits

Quand on grandit dans une grande ville,
on a rarement l'occasion d'être en contact
avec la nature ou de cultiver des fruits et des légumes...

À Paris, l'association Veni Verdi a installé des potagers dans des cours d'école pour que les élèves puissent s'initier au jardinage. Ça leur a tellement plu qu'un collège lui a confié une grande partie de son terrain pour créer une vraie ferme ! Ensuite, toujours à la recherche d'espaces à ensemencer, l'association a repéré des toits plats... Pourquoi ne pas en faire des potagers ?

Aujourd'hui, Veni Verdi cultive des légumes sur dix toits parisiens. Chaque semaine, 600 enfants et 300 adultes bénévoles s'occupent de toutes ces plantations.

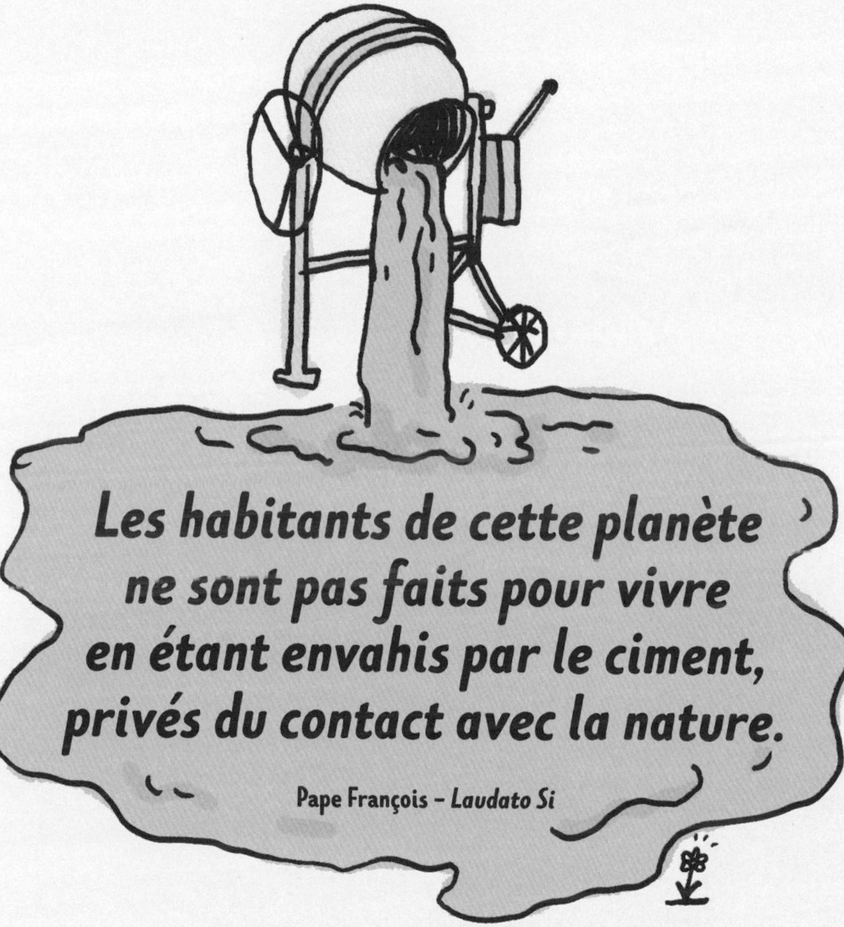
Les habitants de cette planète ne sont pas faits pour vivre en étant envahis par le ciment, privés du contact avec la nature.
Pape François – *Laudato Si*

Des vacances autrement

Quelques jours en famille pour découvrir le message du pape François sur l'écologie, y réfléchir et s'essayer au jardinage, à l'apiculture, à la randonnée en montagne... pourquoi pas ? Des lieux de spiritualité chrétienne proposent de tels séjours. Trois exemples en France :

- L'académie pour une écologie intégrale, au sanctuaire Notre-Dame du Chêne, dans la Sarthe ;
- L'association Arc-en-Ciel, à Saint-Jean-de-Sixt, en Haute-Savoie ;
- L'abbaye Saint-Jacut de la Mer, dans les Côtes-d'Armor.

Bonnes vacances !

Sauvons les abeilles !

En butinant de fleur en fleur, les abeilles transportent le pollen. Grâce à ces véhicules ailés, les fleurs se reproduisent et forment des fruits. C'est merveilleux, non ? Ces petites ouvrières du soleil s'activent dans leur ruche. Les apiculteurs viennent ensuite y récolter des aliments bons pour la santé : du miel, et aussi de la propolis, qui est un antibiotique et un anti-inflammatoire naturel.

Sème des graines de fleurs sauvages et laisse-les pousser sans produits chimiques. Un beau cadeau pour les abeilles !... Un beau cadeau pour toi aussi, car ton jardin sera plein de couleurs !

Tous les enfants ont les mêmes droits

1. Vivre en famille
2. Avoir un prénom, un nom, une date de naissance, une nationalité
3. Être correctement nourri, soigné et logé
4. Aller à l'école et jouer
5. Etre aidé s'il est handicapé ou réfugié
6. Avoir une vie privée
7. Donner son avis sur les questions qui le concernent
8. Être protégé contre la violence
9. Ne pas travailler
10. Ne pas être soldat en temps de guerre
11. Bénéficier d'une justice adaptée à son âge

Depuis 1989, la plupart des pays du monde se sont engagés à faire respecter ces droits.

Aïssatou lutte pour le droit des filles

En Guinée, un pays d'Afrique, 52% des filles sont mariées avant 18 ans à un homme qu'elles n'ont pas choisi. C'est arrivé à une amie de classe d'Aïssatou quand elle était en 6e. Aïssatou s'est révoltée. Elle a décidé de se battre pour que cela n'arrive plus à aucune de ses amies. Depuis, avec une association, elle essaye de convaincre les parents de ne pas marier leurs filles de force. Et quand elle n'y arrive pas, elle vient interrompre la cérémonie pour empêcher le mariage. Aïssatou, elle, a de la chance. Ses parents sont opposés à cette coutume et elle pourra se marier quand elle voudra avec l'homme qu'elle choisira.

Es-tu éco-responsable ?

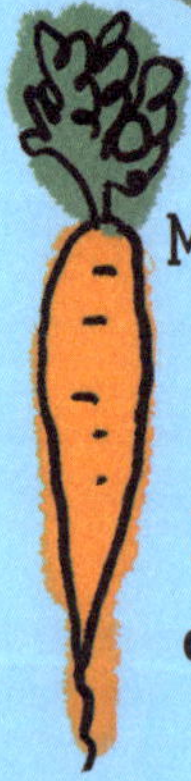

Manger des fruits et légumes de saison cultivés près de chez nous, c'est bon pour la santé et pour la planète. Encore faut-il savoir à quelle saison ils poussent ! **Teste tes connaissances. Place chaque fruit et chaque légume dans ce tableau aux mois où ils sont récoltés. Attention, il y a deux intrus ! Entoure-les.**

Réponses : carotte (décembre à avril) – chou (janvier à avril) – poireau (octobre à mars) potiron (octobre à décembre) – blettes (juin à novembre) – épinard (avril à septembre) radis (mai à septembre) – courgette, aubergine, tomate, poivron (mai à septembre) haricot vert (juin à octobre). Pomme (septembre à avril), poire (septembre à février), raisin (septembre-octobre), clémentine (décembre à mars), melon (juin à septembre), fraise (avril à août), cerise (mai à juillet), prune (juillet à octobre), pêche (juin à septembre). L'avocat et l'ananas sont des intrus, ils poussent loin de chez nous.

Pourquoi ? Pourquoi ?

Comment naissent les étoiles ? Comment se développe
la première cellule qui deviendra un bébé ?
Tout cela a été peu à peu expliqué par la science.
Mais comment est arrivée la vie au tout début ?
Pourquoi sommes-nous sur la Terre ? Ça, c'est vraiment mystérieux !
Les chrétiens croient qu'il existe un Dieu qui a voulu le monde,
qui a voulu la vie, qui a voulu l'homme.
Un Dieu qui rend la vie possible et nous en fait cadeau.
Un cadeau gratuit. Par amour. Alors peut-être
qu'il n'y a pas forcément à comprendre,
mais juste à recevoir ce cadeau et à en prendre soin...

Le nez dans la poubelle !

Inspecte ta poubelle :
quels déchets pourraient être évités ?

Compote à boire
Pot de yaourt
Épluchure de légumes et de fruits
Emballage d'épicerie
Barquette de viande et de poisson
Bouteille d'eau ou de jus
Sachet de goûters individuels

Compote en bocal
Yaourt maison
Compost
Achats en vrac
Aller chez le boucher et le poissonnier
Sirop / gourde
Quatre-quarts maison à partager

Fatim, réfugiée en France

Parce qu'elle a fui son pays, où elle était en danger, Fatim s'est retrouvée seule à Paris à 14 ans. Elle a été recueillie par Médecins sans frontières, une association qui s'occupe des mineurs migrants isolés. Puis, deux familles françaises se sont proposées pour l'héberger à tour de rôle, un mois sur deux.
L'une des familles a des enfants, c'est chouette de pouvoir jouer avec eux. L'autre famille est un couple à la retraite, Fatim se fait dorloter comme si elle était chez ses grands-parents. Avec eux, elle va à la messe, parle de Jésus et raconte comment sa foi est vécue dans son pays. Peu à peu, Fatim a retrouvé le sourire et la confiance. Elle va à l'école, son rêve est de devenir cuisinière !

**Chaque être humain est créé
par amour, à l'image
et à la ressemblance de Dieu.
Alors tout être humain,
quel qu'il soit, a une profonde
dignité. Tout être humain
est sacré, comme Dieu.**

Pape François – *Laudato Si*

Je fabrique mes pastilles-vaisselle

Quelques poudres naturelles à mélanger…
Et ton lave-vaisselle va respirer !

3 cuillerées à soupe

3 cuillerées à soupe

1 cuillerée à soupe

1 cuillerée à soupe

6 gouttes (facultatif)

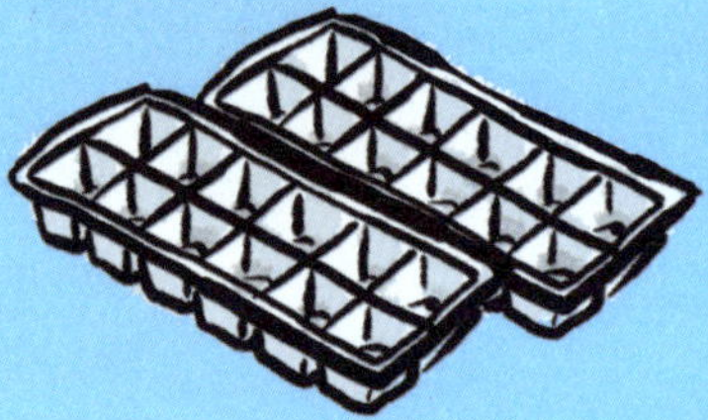

2 bacs à glaçons

1. Mélange toutes les poudres dans un saladier.
2. Ajoute quelques gouttes d'eau pour former une pâte sablée.
3. Verse le mélange dans les bacs à glaçons.
4. Tasse bien chaque compartiment, à l'aide d'un bouchon de liège par exemple.
5. Laisse sécher 24 heures.
6. Démoule les cubes et mets-les dans une boîte fermée.
7. Un cube à chaque lavage dans ton lave-vaisselle, et le tour est joué !

Emmaüs, une ressourcerie solidaire

L'aventure d'Emmaüs a commencé autour d'un homme : l'abbé Pierre. Alors qu'il aidait des familles en difficulté, il rencontre un homme désespéré qui veut mourir. L'abbé Pierre lui dit : « Viens donc m'aider à aider ceux qui en ont besoin. » Peu à peu, il regroupe autour de lui des hommes cassés par la vie. Ces hommes récupèrent des objets dont les gens ne veulent plus, les réparent, les revendent. Par leur travail, ils retrouvent goût à la vie. Aujourd'hui, il y a des centres Emmaüs partout en France.

Tu peux apporter à Emmaüs ce dont tu ne te sers plus.
Tu peux aussi venir acheter des objets ou des vêtements recyclés.
Vive l'économie solidaire !

Des restos pas comme les autres

On se sent moins seul à plusieurs

« Les Petites Cantines », ce sont des restaurants participatifs et solidaires pour combattre la solitude.

Participatifs, parce que le repas est préparé par les convives qui sont prêts à donner du temps.

Ensuite, on mange tous ensemble et ça crée des liens !

Solidaires, parce que chacun paie comme il peut, comme il veut.

Résultat : une ambiance unique, des gens très différents qui font connaissance, jeunes, vieux, travailleurs, retraités, chômeurs...

Une belle fraternité !

À Lyon, Lille, Strasbourg, Annecy, et bientôt ailleurs !

www.lespetitescantines.org

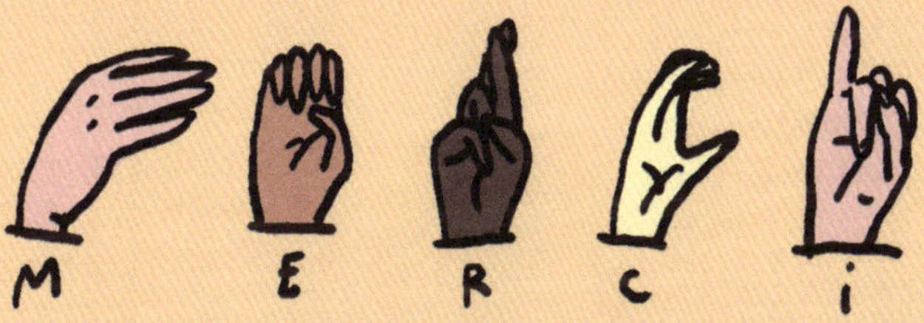

Si on changeait de regard sur le handicap ?

« Les Petits Plats de Maurice », à Paris, tout comme « Le Café Joyeux » à Paris, à Rennes, à Bordeaux, sont des restaurants tout à fait classiques. À un détail près : la cuisine et le service sont entièrement assurés par des personnes en situation de handicap. Elles y mettent tout leur cœur, et c'est communicatif !

Prières pour le repas

« Dire un bénédicité – dire merci au Seigneur, au début du repas – nous permet de reconnaître que nous dépendons de Dieu, de remercier ceux qui ont produit et cuisiné ce que nous mangeons et de penser à ceux qui manquent de nourriture. »

Pape François – *Laudato Si*

Bénis, Seigneur, ce repas
qui nous rassemble dans la joie.
Que nos échanges y soient féconds
et nous nourrissent au plus profond.
Et que durant ce jour qui vient
nous ayons souci de chacun.
Que ta parole soit notre pain
pour nous transformer en levain.

Bénis, Seigneur, ce repas.
Bénis ceux qui l'ont préparé
et qui ont mis la table.
Bénis ceux qui ont cultivé,
fabriqué, transporté les denrées.
Bénis aussi ceux qui ont faim,
et donne-leur du pain.

Sème tes vitamines !

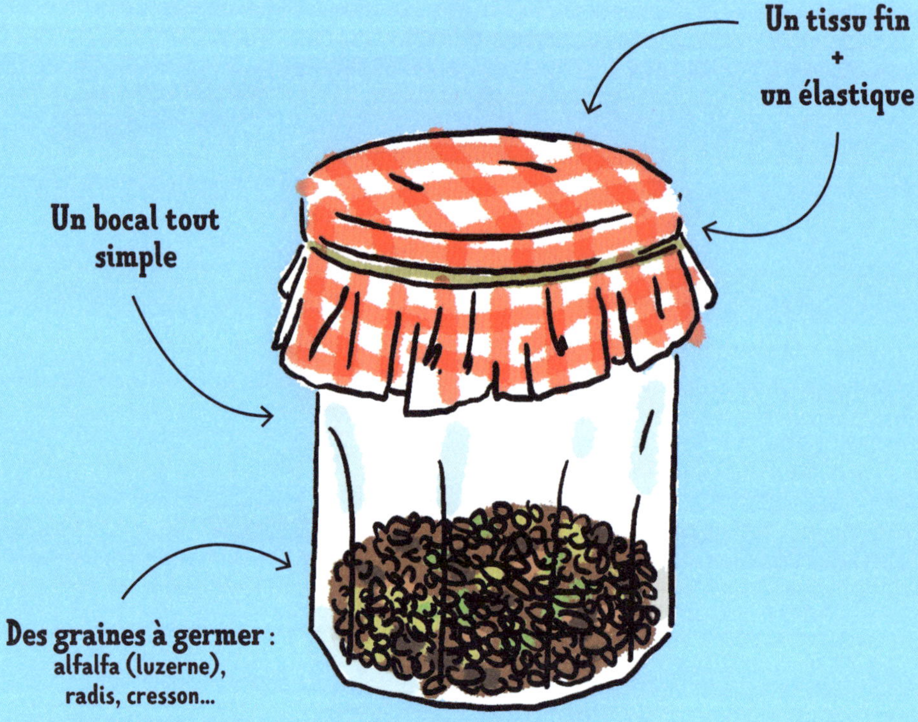

Mets une cuillerée à soupe de graines à tremper toute la nuit. Le lendemain, ôte l'eau en retenant les graines avec le tissu, comme un filtre. Ensuite, une fois par jour, rince tes graines et égoutte-les. Au bout de quelques jours, tu verras les pousses sortir. Quand elles font environ 1 cm, tu peux les manger : mélangées à des carottes râpées, parsemées sur du fromage frais... Elles sont délicieuses et excellentes pour la santé !

Hildegarde de Bingen

La nature nous guérit

Hildegarde est une religieuse allemande. Elle a vécu au Moyen Âge, au 12e siècle. Elle se passionne pour les plantes et élabore des recettes pour soigner les malades. Pour être en bonne santé, l'homme doit vivre en harmonie avec la nature et en prendre soin ! Car « Dieu a créé l'homme comme une merveilleuse pierre précieuse, dans laquelle se reflète toute la Création ». Les écrits de Hildegarde sur les plantes, la médecine, l'alimentation et la théologie, ainsi que ses compositions musicales, sont si importants que le pape Benoît XVI l'a proclamée à la fois sainte et « Docteure de l'Église » en 2012.

Une famille de vacances

Les parents de Lana traversent de grandes difficultés et n'ont pas les moyens de partir en vacances. Alors cette année, le Secours Catholique a proposé à Lana de partir trois semaines dans une famille d'accueil. Quelle joie ce séjour à la mer ! Lana a appris à nager, a fait des parties de volley sur la plage et des châteaux de sable incroyables... Mais surtout elle s'est découvert des frères et sœurs de cœur dans sa « famille de vacances ». Ils se sont tellement bien entendus qu'elle repartira avec eux à la Toussaint et à Pâques.

Le Secours Catholique cherche chaque année des familles volontaires pour accueillir un enfant en vacances.

www.secours-catholique.fr

**Connaître son corps,
en prendre soin, le respecter,
est essentiel. C'est l'écologie
humaine. C'est en se respectant
soi-même qu'on peut respecter
l'autre qui est différent.**

Pape François – *Laudato Si*

Mes petits bonheurs

S'émerveiller, reconnaître ce qui nous arrive de beau, de bon, c'est une manière de rendre grâce à Dieu d'être en vie.
Remplis ces pages. Ce sera ton réservoir de bonheurs.

Les personnes qui comptent le plus pour moi :

Ce que j'aime faire en famille :

Ce que j'aime partager avec mes amis :

Mon meilleur souvenir de l'année :

Ce que j'aime dans ma ville :

Le plus beau jour de ma vie :

Ce qui me rend le plus heureux(se) :

Mon plus beau talent :

Le moment où je me sens le plus vivant(e) :

Mon plus beau souvenir de vacances :

Tu peux ensuite dire merci à Dieu d'être qui tu es, et de tous les petits bonheurs qui te rendent vivant(e).

Adopte des poules !

Si tu as la chance d'avoir un jardin, propose à tes parents d'installer un poulailler. Les poules se régalent des déchets. Et toi, tu te régales de leurs œufs.

1 l de lait

1 c à s de lait en poudre

1 pot de yaourt nature

8 pots de yaourt en verre, de préférence avec couvercle

1 cocotte épaisse avec un couvercle (par exemple une cocotte-minute)

Des yaourts maison

pour des yaourts aux fruits, ajoute une cuillerée de confiture au fond de chaque pot. Pour des yaourts à la vanille, fais chauffer le lait avec une gousse de vanille.

1. Fais chauffer le lait jusqu'à ce qu'il soit à 40°C.
2. Ajoute le yaourt et le lait en poudre, mélange bien.
3. Répartis ta préparation dans les pots de verre.
4. Remplis le fond de la cocotte de 4 cm d'eau, et fais-la bouillir.
5. Quand elle bout, place dedans tes pots de yaourt, et referme vite avec le couvercle. Laisse reposer dans un coin sans y toucher.

8 heures plus tard… ils sont prêts !

Dieu a créé le monde pour tous.
Les fruits de la Terre
doivent profiter à tous.

Pape François – *Laudato Si*

Je vais cueillir des tomates au square !

Dans les jardins publics, les terrains vagues, les plates-bandes, sur les ronds-points, le long des allées... En Angleterre, des citoyens ont eu l'idée de planter des légumes, des arbres fruitiers, des herbes aromatiques partout où c'était possible. Ils ont proposé aux autres habitants de les aider puis de se servir. Leur rêve : que tous puissent profiter d'une nourriture gratuite, locale et de bonne qualité. Beaucoup de gens les ont imités. Au printemps 2020, les jardiniers de la mairie de Nantes ont décidé de transformer leur ville en un immense potager, pour que ceux qui n'ont pas beaucoup d'argent puissent se nourrir correctement et gratuitement.

Qui est mon prochain ?

Pour répondre à cette question, Jésus a raconté une parabole :
« Un homme parti à pied de Jérusalem à Jéricho est attaqué par des bandits qui le laissent entre la vie et la mort sur le bord du chemin. Un prêtre qui passait par là regarde l'homme blessé, sans s'arrêter. Un scribe arrive à son tour mais continue son chemin. Un Samaritain arrive alors, est saisi de compassion et s'arrête. Il soigne l'homme. Puis il le charge sur son âne, le conduit dans une auberge et prend soin de lui. Le lendemain, le Samaritain donne deux pièces d'argent à l'aubergiste et lui recommande de prendre soin de l'homme. »

D'après l'Évangile selon saint Luc 10, 25-37

Jésus nous invite ainsi à nous rendre proches de ceux qui ont besoin de nous, à être bons avec eux.

Solidaires, les voisins

Au fait, tes voisins, tu les connais ?
Mettez-vous à plusieurs pour organiser un apéro festif
dans la cour de l'immeuble, dans la rue, sur la place du village.
Le site **www.lafetedesvoisins.fr** propose des idées
et même du matériel pour décorer le lieu.

Tu as des voisins âgés ?

Rends-leur visite de temps en temps, propose-leur d'arroser
leurs fleurs ou de promener leur chien,
demande-leur de l'aide pour tes devoirs...

Tu as des voisins de ton âge ?

Prêtez-vous des jeux de société, des jeux d'extérieur, des livres.
Organisez un pédibus pour aller ensemble à l'école
ou des olympiades de quartier...

Mohamad crée une école pour les enfants syriens

Mohamad fuit la guerre qui ravage son pays, la Syrie. Avec ses parents, il se réfugie au Liban. Les enfants syriens n'ont pas accès aux écoles libanaises et traînent dans le camp de réfugiés. Alors, à 12 ans, en 2014, Mohamad décide d'en créer une, sous une tente. C'est lui le prof ! Cette école est détruite. Mohamad en ouvre une deuxième. Elle est détruite. Mohamad en ouvre une troisième, qui accueille chaque jour 200 enfants syriens. La ténacité de Mohamad est récompensée par le Prix international de la Paix des Enfants, qui représente 100 000 euros. De l'argent consacré à l'éducation des enfants syriens.

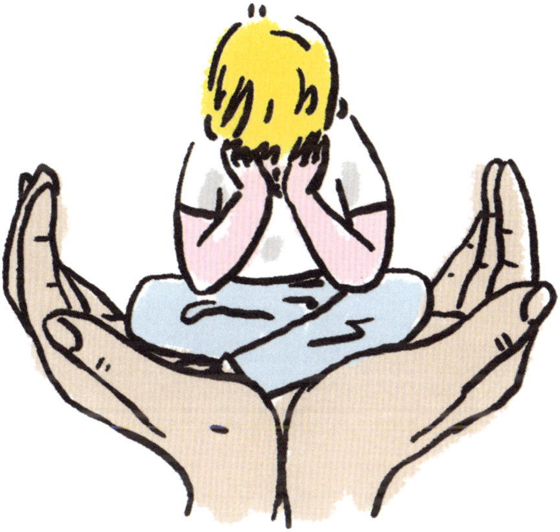

119

C'est un numéro de téléphone gratuit,
accessible 24 heures/24 et 7 jours/7,
qui permet d'obtenir de l'aide lorsqu'un enfant est en danger.

Ce n'est pas toujours facile quand on est enfant de savoir vers qui se tourner lorsqu'on a besoin d'aide. Si l'un de tes amis te semble en souffrance, donne-lui ce numéro. Tu ne peux pas l'aider toi-même, mais tu lui montres que tu es à ses côtés. Et ne pas se sentir seul, c'est précieux.

Internet : ça chauffe !

Le moindre clic sur un ordinateur, une tablette, un smartphone, consomme de l'énergie… Nos astuces pour faire baisser la température.

Un mois sans chocolat

Le chocolat, Sidonie adore ça ! Ce qui l'ennuie, c'est la culture du cacao : il vient de très loin, nécessite beaucoup d'eau et d'insecticides. Les paysans qui le cultivent sont très peu payés et des forêts sont abattues pour faire place aux cacaoyers. Alors Sidonie a lancé à ses parents un défi : « On va faire un effort : un mois sans chocolat ! » Ni cacao, ni tablettes, ni pâte à tartiner, ni gâteaux... ils ont tenu bon. Au bout de 4 semaines, ils se sont offert du chocolat équitable.

Pour en savoir plus sur le commerce équitable, va voir page 105.

Quelle chance !

Le soleil qui réchauffe et éclaire, la pluie qui abreuve la terre, la nature qui nous nourrit, notre corps qui vit, notre cœur qui bat... Alléluia, tout cela c'est cadeau ! Parfois, le soleil peut griller les récoltes, la tempête dévaster un pays, un virus menacer la Terre entière. Parfois aussi, notre corps n'est pas aussi beau ou aussi fort qu'on le voudrait... Même lorsque ça va mal, on peut découvrir combien la vie est précieuse et belle. Merci, Dieu, de m'avoir donné lavie.

Jamais voir la mer !

Qu'il soit jeté en haut du mont Blanc ou sur un trottoir de ta ville, un déchet qui n'atterrit pas dans une poubelle, finit tôt ou tard dans la mer. Et s'il est en plastique, il y reste... pendant des milliers d'années. Au nord-est du Pacifique, les courants marins ont même formé un septième continent, le « continent de plastique ». Il fait six fois la France ! L'idéal serait de réussir à nettoyer les mers. Des ingénieurs imaginent des prototypes de bateaux aspirateurs ou filets. Mais en attendant qu'ils soient efficaces nous devons agir à la source : éviter de produire des déchets (voir page 37) et ne jamais laisser nos détritus dans la nature. C'est aussi ça, prendre soin de la beauté de notre Terre !

Nathan crée un potager pour son village

Nathan a été élu au conseil municipal d'enfants de sa commune, dans le sud de la France. Son idée ? Créer un potager où chacun pourrait venir semer, planter, biner, arroser… et cueillir fruits et légumes. L'idée a été acceptée. Le maire a trouvé un terrain. Nathan et ses amis ont prévenu les habitants. Depuis, chacun vient donner un coup de main dans ce jardin partagé.

Tout est lié.
Notre relation à Dieu,
aux autres, à la Terre.

Pape François – *Laudato Si*

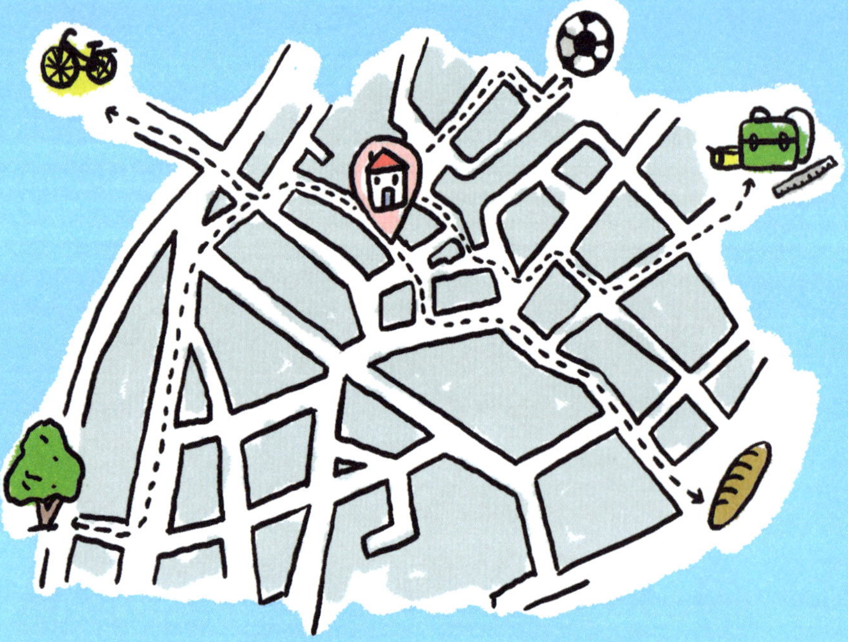

1 km à pied, ça n'use pas les souliers

Sors ton chronomètre : en 15 min de marche à peine, on parcourt 1 km… Aucune excuse pour ne pas se rendre à pied à tout ce qui est à moins d'un kilomètre ! Fais la liste de tous les lieux situés dans ce périmètre autour de chez toi : école, collège, stade, médiathèque, copains, rivière, bois, champ… Et, quand c'est plus loin, pense vélo ou transports en commun. Bon à savoir : dans les grandes villes embouteillées, voitures et vélos roulent en moyenne à la même vitesse : 14 km/h !

Ça roule ou ça gaze ?

En France, ce sont les transports qui polluent le plus.
Tu penses d'abord aux avions ? Aux camions ? Non !
Plus de la moitié des gaz polluants sont rejetés par les voitures.
Sans y penser, on monte dans la voiture pour aller au travail,
se faire conduire à l'école, faire des courses...
La plupart de nos trajets ne font que quelques kilomètres,
mais, comme nous sommes des millions à agir ainsi,
cela a de grosses conséquences :

Trop de gaz d'échappement !

Top Chef pendant les vacances

La nature nous offre des trésors.
À nous de les cuisiner pour nous nourrir
toute l'année de produits sains et savoureux.
Enfile ton tablier et régale ta famille !

Raclette pour tout le monde !

Au sous-sol des immeubles américains,
il y a des lave-linge collectifs. Résultat : les habitants
partagent les coûts, les réparations, et ça évite
qu'il y ait une machine à laver par appartement !
Autrefois, le four à pain, le bois, les pâturages, le lavoir,
appartenaient souvent à tout le village.
On appelait ça « les communs ». On peut s'en inspirer !
Même si ta famille raffole de raclette, votre appareil ne sert pas
tous les jours. Pourquoi ne pas le partager avec vos voisins ?
Certaines familles achètent à plusieurs leurs jeux
de société, leur tondeuse à gazon, leurs outils de bricolage,
leur machine à coudre, leur voiture, leurs vélos...

Dieu bénit l'homme et la femme et leur dit :
« Je vous donne toute plante et tout arbre qui porte des fruits :
telle sera votre nourriture. »

Livre de la Genèse 1, 28

Des légumes par abonnement

« Amap » veut dire « Association pour le maintien d'une agriculture paysanne ». Le principe est simple : d'un côté, un paysan produit des légumes, des fruits, du fromage de chèvre, etc. De l'autre, plusieurs familles s'engagent à lui acheter sa récolte toutes les semaines ou tous les mois. Les familles payent à l'avance et assurent ainsi un salaire correct au paysan. Celui-ci distribue sa récolte en parts égales aux familles adhérentes, qui du coup se nourrissent toute l'année de produits de saison, cultivés à proximité et dans le respect de la biodiversité. Pour trouver une Amap près de chez toi :

www.reseau-amap.org

La leçon du colibri

*Dans la plus grande forêt du monde, l'Amazonie,
les arbres se dressent les uns contre les autres, si grands,
si touffus, que la lumière du soleil atteint à peine le sol.
Les animaux y sont si nombreux, si variés,
que l'homme ne les a pas tous repérés, ni tous comptés ou nommés.
Il y fait chaud, humide, et le bruit est assourdissant.
Ça piaille, ça rampe, ça feule, ça jacasse, ça chuinte,
ça coasse, ça cancane, ça siffle, ça glapit...
Mais, un soir, le silence se fait. On n'entend plus qu'un souffle,
des crépitements et des craquements : le feu !
L'un après l'autre, les buissons, les lianes, les arbres s'enflamment
et partent en fumée. Les animaux, impuissants, s'apprêtent
à fuir ou à mourir. À travers les flammes, ils distinguent
une tache de couleur qui virevolte. C'est un oiseau minuscule,
qui va et vient de la rivière à la forêt, transportant
une à une des gouttes d'eau dans son bec
pour les jeter au plus vite sur les branches.
« Colibri, c'est toi ? Mais que fais-tu ? s'écrient les animaux.
Ça ne sert à rien, tu es si petit ! »
« Je fais ma part, répond alors le colibri sans ralentir sa cadence.
Je fais ma part de travail pour éteindre le feu. »*

Et toi, combien tu pèses ?

Combien de planètes nous faudrait-il si tout le monde vivait comme nous ? Tu peux le calculer sur Internet, en répondant à des questions sur ta maison, ta façon de vivre, de te déplacer, de te nourrir… Les résultats sont un peu décourageants, mais ça nous permet de choisir ce qu'on peut changer : si je mange moins de viande, ça fait baisser mon empreinte écologique. Si je fais sécher mon linge sur un fil plutôt que dans un sèche-linge, aussi !

www.wwf.ch/fr/vie-durable/ calculateur-d-empreinte-ecologique/resultat

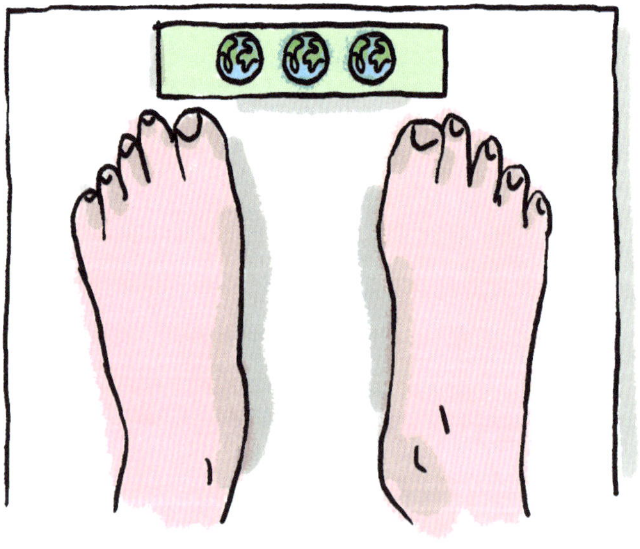

Dieu invite l'homme
à protéger et cultiver la nature
qu'il a créée. Si l'homme croit
qu'il est tout-puissant
et peut dominer la Terre,
il ne collabore plus avec Dieu.
Il se prend pour Dieu.
Alors la nature se révolte.

Pape François – *Laudato Si*

« Il est contraire à la dignité humaine de faire souffrir inutilement les animaux et de gaspiller leurs vies. »

Pape François - *Laudato Si*

Mange moins de viande !

Si les 7 milliards d'habitants de la planète mangeaient tous autant de viande que les habitants des pays riches... il n'y aurait pas assez de terres sur la planète pour parquer les animaux. On coupe des forêts pour planter du soja pour nourrir les troupeaux destinés aux abattoirs. Or, les forêts sont essentielles : elles produisent de l'oxygène, absorbent le gaz carbonique, abritent les espèces sauvages, la biodiversité...

Mange de la viande une ou deux fois par semaine, ça suffit. Regarde page 88 par quels aliments riches en protéines remplacer la viande le reste du temps.

J'habite une cabane

« On peut vivre intensément avec peu. »

Pape François – *Laudato Si*

Les parents de Tim ne voulaient pas d'une grande maison : la chauffer, l'entretenir, ça demande beaucoup d'énergie et d'argent. Ils ont acheté une micromaison en bois, grande comme une caravane. Chez eux, tout est mini : la cuisine, le salon, le coin repas, la douche, les toilettes, tout tient dans une pièce de 6 m^2. Et juste au-dessus, deux mezzanines avec des lits, l'une pour les parents, l'autre pour les deux enfants. Leur but : vivre avec moins de choses, plus simplement, pour pouvoir passer plus de temps à faire des choses qu'on aime ! La vie de château !

Muhammad Yunus

Le banquier des pauvres

Muhammad étudie l'économie et crée très jeune sa propre entreprise. Mais la guerre puis la famine qui frappe son pays, le Bangladesh, le font réfléchir : à quoi ça sert de faire des affaires, si des gens meurent de faim ? Il se rend compte que, souvent, de très petites sommes d'argent suffisent à acheter de quoi monter une boutique ou un atelier – avec une machine à coudre, une mobylette, un téléphone… on peut réussir à gagner sa vie ! Mais les banques classiques refusent de prêter cet argent aux plus pauvres. Yunus décide de leur proposer des micro-crédits. Et ça marche ! Pour cette idée, Muhammad reçoit le Prix Nobel de la Paix en 2006.

Mon école écolo

Dans une école, un collège, un lycée, on consomme de l'eau, de l'énergie, on mange, on produit des déchets... Il y a beaucoup à faire pour limiter la consommation, la production de déchets, et pour vivre en harmonie, de façon solidaire...
Tous ensemble, vous pouvez essayer d'obtenir le label « éco-école », qui récompense les établissements scolaires engagés dans le développement durable. **Demande au directeur ou à la directrice de ton école de vous inscrire sur le site www.eco-ecole.org.** Vous serez aidés et conseillés.

Les mots du pape François pour une vie plus belle

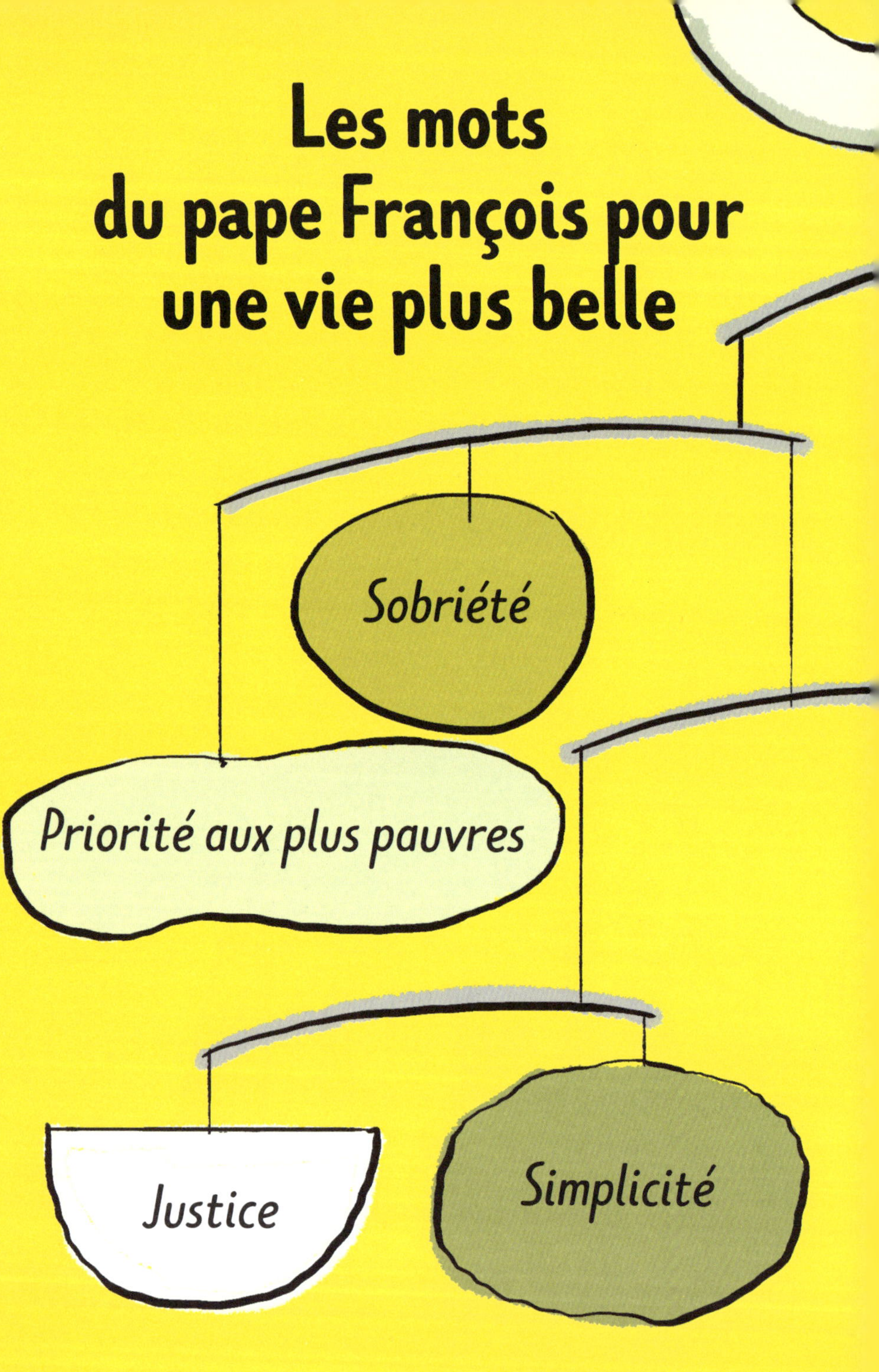

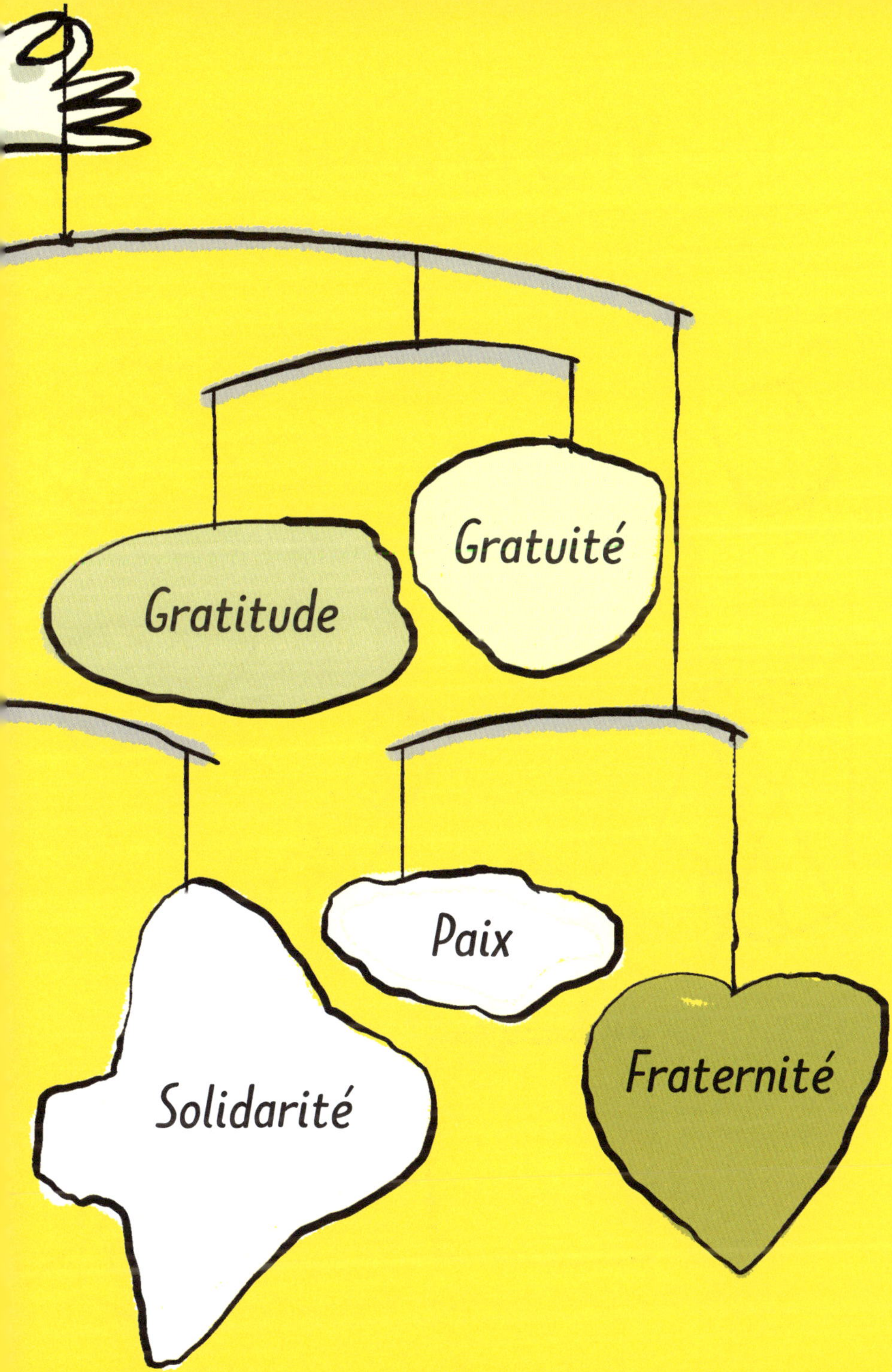

Gratuité
Gratitude
Paix
Solidarité
Fraternité

Vive le tissu !

L'avantage du tissu, c'est que... ça se lave et ça se réutilise !

Coexister

Se connaître pour se respecter

« Pour vous, un chrétien, c'est qui ?
Et un musulman ? En quoi croient les juifs ?
Et quand on n'est pas croyant, on croit en rien ? »
Discuter et débattre de tout ça en classe, au collège ou au lycée, ça permet de déconstruire des idées fausses, de mieux se connaître et se comprendre sans nier son identité. C'est le pari de l'association Coexister : amener les croyants de toutes religions ainsi que les non-croyants à faire connaissance, pour qu'ils respectent davantage leurs différences et puissent agir ensemble. Aujourd'hui, 2 300 jeunes de 15 à 35 ans militent pour Coexister, dans 45 villes de France. Leur espoir : que chacun s'engage pour que celui qui n'a pas la même religion que lui puisse la pratiquer librement.

SOS Amazonie

Raoni Metuktire et Davi Kopenawa sont deux chefs indiens. Leurs tribus vivent dans la forêt amazonienne, au Brésil. Mais des chercheurs d'or, des cultivateurs, des éleveurs, des barrages, dévastent leurs terres, et mettent en danger la vie et la culture de ces Indiens. Depuis des années, les deux chefs font le tour du monde pour raconter ce qui se passe en Amazonie et tenter de sauver leurs peuples et leur forêt. En 2015, ils ont créé « L'Alliance des Gardiens de la Nature ». De nombreuses personnalités les soutiennent. Le pape François a demandé solennellement que l'Amazonie soit protégée : « Je rêve d'une Amazonie qui préserve jalousement l'irrésistible beauté naturelle qui la décore, la vie débordante qui remplit ses fleuves et ses forêts. »

Un distri-mousse zéro déchet !

Se laver les mains, c'est le geste efficace contre les virus et microbes en tout genre. Voici une recette facile de savon liquide naturel à placer sur tous les lavabos chez toi.

1 cuillerée à soupe

½ litre d'eau

1. Fais chauffer l'eau jusqu'à ce qu'elle frémisse.
2. Mélange les copeaux de savon de Marseille au fouet.
3. Verse ta préparation dans un flacon poussoir en verre.

Et si tu offrais tes savons à un ami pour son anniversaire ? (voir p. 26)

Nous voulons des coquelicots

C'est le nom d'une association qui demande l'interdiction de tous les pesticides chimiques. Elle organise des manifestations et a recueilli plus d'un million de signatures de citoyens.

Pourquoi ce nom ? Les coquelicots sont des fleurs fragiles qui poussent dans un sol sain. Depuis qu'on utilise des pesticides et des engrais chimiques, les coquelicots ont disparu des champs de blé.

Pourquoi c'est important ? Les pesticides tuent les petites bestioles qui viennent grignoter les plantes… mais se retrouvent dans notre alimentation, dans l'eau que l'on boit, dans l'air que l'on respire… et tuent aussi les hommes !

Le monde est si beau !

Mon Dieu, comme elle est belle, ta création !

Tu déploies le ciel comme un drap,
tu crées la terre solide et ferme.
Tu fais jaillir les sources des montagnes,
et l'eau abreuve ceux qui ont soif.
Tu fais pousser les prairies qui nourrissent les troupeaux
et les champs que l'homme cultive.
Tu fais paraître le soleil qui réchauffe
puis tomber la nuit qui repose.

Toutes les créatures comptent sur toi.
Tu leur envoies ton souffle,
tu leur donnes vie.

Je veux chanter pour toi, mon Dieu,
car tu me donnes tellement de joie.

D'après le psaume 103

Par ici les protéines !

Notre organisme a besoin de protéines.
Nous sommes habitués à les trouver dans la viande,
mais il y en a aussi dans :

le soja

les œufs

la spiruline (une algue)

les produits laitiers

le seitan

le tofu

Les graines de courge

les noix

Tu peux aussi associer des céréales et des légumineuses :

Du riz et des lentilles

de la semoule
et des pois chiches

du quinoa et des lentilles corail

du riz et des haricots rouges

Vive la mode récup !

Tu aimes te changer deux fois par jour ? Tu craques pour la mode ? Sais-tu que la plupart des vêtements sont fabriqués à l'autre bout du monde, souvent par des ouvriers mal payés et quelquefois même par des enfants ? Alors pour assouvir ta passion, privilégie les affaires de seconde-main. En cherchant un peu, tu trouveras tout ce qu'il te faut et pour pas cher, en plus !

Le compost, ça vit

Les épluchures, le café, le thé, les feuilles mortes, les herbes coupées... tout cela se dégrade, aidé par les vers et les micro-organismes qui s'y développent. Au final, tu auras un engrais pour nourrir tes futures plantations.

Si tu as un jardin, c'est facile !

Si tu vis dans un appartement, il y a des solutions

le compost partagé pour tout l'immeuble ou tout le quartier

le lombricomposteur ou le Bokashi

Melati et Isabel contre les sacs plastiques

Melati et Isabel sont deux sœurs de 10 et 12 ans. Elles vivent sur l'île de Bali. Là-bas, l'océan Indien ramène tous les jours sur les plages des milliers de détritus en plastique. Melati et Isabel ont fondé « Bye bye Plastic Bags », un mouvement qui veut bannir les sacs plastiques. Campagne de ramassage des déchets, création de barrages flottants anti-sacs sur les rivières, sensibilisation des écoliers, rendez-vous avec les gouvernements, création d'une entreprise de couture de sacs en tissu… L'association de Melati et Isabel a eu de vrais résultats. La preuve que les enfants peuvent changer le monde !

Les jeunes ont une sensibilité écologique et un esprit généreux. Ils luttent pour la défense de l'environnement. Mais ils ont grandi dans une société de consommation qui pousse à acheter toujours plus. Il faut du courage pour changer ses habitudes.

Pape François – *Laudato Si*

Esther Duflo

Pourquoi y a-t-il des pauvres ?

Petite, Esther voulait lutter contre la pauvreté. L'engagement de ses parents, son engagement à elle aux scouts éclaireurs, ses lectures, lui ont donné des idées. Une fois adulte, elle a choisi de devenir économiste pour comprendre les causes de la pauvreté et mieux la combattre. Quand elle voyage dans une région pauvre, elle cherche à comprendre ce dont les gens ont besoin, ce qui les empêche de se faire soigner, de travailler, ou d'envoyer leurs enfants à l'école… Et elle réfléchit avec eux à des solutions adaptées pour changer ce qui ne va pas. Elle a écrit plusieurs livres pour témoigner de ce qui fonctionne. Elle a reçu le prix Nobel d'économie en 2019 pour son travail.

Manger à sa faim

« Nous avons besoin les uns des autres. Nous avons une responsabilité vis-à-vis des autres et du monde. »

Pape François – *Laudato Si*

9 millions de personnes vivent au-dessous du seuil de pauvreté en France. Parmi eux, 3 millions d'enfants. Aux Restos du cœur, au Secours populaire… les personnes pauvres peuvent venir chercher de quoi manger chaque semaine. Dans chaque commune, un centre d'action sociale recense les familles en difficulté et distribue des denrées récoltées par la Banque alimentaire. **Tu peux aussi faire ta part : si un copain de classe n'a jamais son goûter, c'est peut-être qu'il n'en a pas les moyens. Une occasion de partager le tien !**

Oh, ça pollue !

À ton avis, en France, quel secteur rejette le plus de gaz à effet de serre ? Classe-les du plus (n°1) au moins polluant (n°6).

- **Le chauffage des logements et des bureaux**
  Radiateurs / Immeubles (y compris de bureaux) / maisons
- **La production d'énergie**
  Centrales à charbon / pylônes électriques
- **Les transports**
  Voitures / poids lourds / camionnettes / avions / trains / motos...
- **L'agriculture**
  Vaches / tracteurs / moissonneuses-batteuses / champs / vignes
- **Les usines**
  Usines manufacturières / usines chimiques...
- **Le traitement des déchets**
  Camions-poubelles / incinérateurs

Réponses : En 2017, n°1 : les transports (30%). n°2 : Le chauffage des logements et des bureaux (20%) n°3 : L'agriculture (19%). n°4 : Les usines (17%). n°5 : La production d'énergie (12%). n°6 : le traitement des déchets (3%). (Source : Rapport sur l'état de l'environnement, ministère du Développement Durable, 2019).

Je suis là, je suis bien !

Allonge-toi dans l'herbe ou sur le sable. Ferme les yeux.
Sens le sol sous ton corps. Est-il dur ou mou, frais ou chaud ?
Respire profondément. Sens-tu une odeur particulière ?
Ouvre grand tes oreilles. Tu entends ?
Les bruits qui viennent de loin, les bruits tout près de toi...
Puis les bruits qui viennent de toi,
ton ventre qui gargouille, ton souffle qui circule...
Et maintenant tu peux ouvrir les yeux,
et te perdre dans le ciel bleu.
Tes sens sont en éveil, te voilà relié à toi, au monde
et à tout ce qui te dépasse.

Un paradis pour les oiseaux

J'accroche un nichoir.
Des mésanges viendront
y faire leur nid au printemps.

L'été, je mets de l'eau pour
désaltérer les oiseaux.

- Fais fondre du beurre dans une casserole.
- Mélanges-y des graines pour oiseaux.
- Verse ton mélange dans des petits moules à cookies en silicone.
- Laisse refroidir au frigo.
- Démoule
- Place un cube de graines dans un filet d'oranges et suspends-le à côté du nichoir.

L'hiver, j'installe des boules
de graines pour les nourrir.

Tous à vélo !

Le vélo, c'est bon pour la santé… la tienne et celle de la planète. Alors, tous en selle ! Et parce qu'un vélo, ça déraille, ça se dégonfle, ça crève, ça rouille… autant apprendre tout de suite à l'entretenir et à le réparer toi-même. Des ateliers participatifs de réparation de vélo ont fleuri un peu partout en France. Tu viens avec ton biclou, tu bricoles, tu recycles, tu apprends, tu rigoles… et tu repars sur tes deux roues ! De nombreux ateliers sont recensés sur ce site :

www.heureux-cyclage.org

Les vacances de la liberté

Violette a 10 ans. Avec sa famille, elle passe des vacances à vélo. Dessus, ils chargent les duvets, la tente, le réchaud... L'été dernier, ils sont allés de la Bretagne jusqu'à la frontière espagnole par la Vélodyssée, une piste cyclable qui longe la côte atlantique. Sacré voyage : entre 35 et 50 km par jour. Tout le monde était fier et heureux d'avoir vécu cette aventure. Pour passer de bonnes vacances, on a besoin d'énergie, de motivation... et de muscles !

Des mains tendues vers les migrants

Beaucoup d'hommes, de femmes et d'enfants fuient la guerre ou des conditions de vie difficiles dans leurs pays. Ils tentent de trouver refuge dans des pays plus riches et en paix. On les appelle les « migrants ». Beaucoup d'Européens ont peur de les accueillir. D'autres s'indignent : c'est notre devoir d'ouvrir nos portes à nos frères humains !

« Comme elles sont belles, les villes qui accueillent ceux qui sont différents, où l'on peut se rencontrer les uns les autres ! »

Pape François – *Laudato Si*

Leoluca Orlando

« Vous êtes ici chez vous »

La Sicile, au sud de l'Italie, est une des terres européennes les plus proches de l'Afrique. Alors que le gouvernement italien cherche à fermer les portes du pays aux étrangers, Leoluca Orlando, le maire de Palerme, a décidé de les accueillir à bras ouverts. Pour lui, peu importe le pays où l'on est né et la langue que l'on parle : « À Palerme, tout le monde est palermitain. »

Carola Rackete

Capitaine courage

Cette jeune Allemande est la capitaine d'un des navires qui sillonnent la Méditerranée pour secourir les migrants en perdition. En juin 2019, son équipage porte secours à 40 naufragés dont l'embarcation menace de couler. Mais les douaniers italiens lui refusent l'accès aux ports. À bord, il y a des malades et les vivres s'épuisent. Carola Rackete décide d'accoster de force sur l'île de Lampedusa. La police italienne l'attend : elle est emmenée en prison. Mais les juges siciliens déclarent qu'elle n'a fait que son devoir de marin : sauver des vies. Trois jours plus tard, elle est libérée.

De l'eau tombée du ciel

En France, il suffit d'ouvrir le robinet pour que l'eau potable coule. Alors on ne réalise pas toujours qu'elle est précieuse. **Si tu as un jardin, installe avec l'aide de tes parents un récupérateur d'eau de pluie sous les gouttières.** Ce grand réservoir se remplira à chaque fois qu'il pleuvra. **Tu pourras venir puiser dedans pour arroser le jardin ou laver la voiture.**

Du chocolat solidaire

Café, cacao, quinoa, ananas, banane, fruits exotiques… ces produits sont cultivés par des paysans à l'autre bout du monde. Souvent, les commerçants paient ces marchandises si peu cher que ces paysans vivent difficilement de leur travail. Des marchands chrétiens se sont indignés contre cela et ont inventé le « commerce équitable » : ils paient correctement les cultivateurs, les aident à se regrouper en coopérative, à acheter des outils, à améliorer la vie de leurs villages. Alors, bien sûr, la tablette de chocolat « commerce équitable » est un peu plus chère. Mais en l'achetant tu es solidaire de ces paysans.

Ma salle de bain écolo

Serviettes en coton bio
Vive le savon solide !
Pas de produit chimique sur la peau.
Pas d'emballages dans la poubelle.
FAIS PIPI SOUS LA DOUCHE !
un bain = 160 litres d'eau
une douche = 3 fois moins

Une énergie couleur nature

Pour faire fonctionner les usines, les moyens de transport, pour s'éclairer, se chauffer, on utilise de l'énergie.
Il y en a de deux sortes :

• Les énergies fossiles tirées du sol :
le charbon, le pétrole, le gaz. Ces énergies sont en quantité limitée et surtout polluantes. On peut y ajouter le nucléaire, qui utilise de l'uranium et dont les déchets sont toxiques.

• Les énergies renouvelables :
l'eau , le soleil, le vent.
Celles-ci sont inépuisables et surtout, quasiment pas polluantes.
Alors, tous pour l'énergie verte !

Vive la bouillotte !

Avec l'aide de tes parents,
surveille la température de ton logement en hiver.
19 °C dans les pièces où l'on vit le plus souvent.
17 °C dans les chambres.
Tu as froid ? Il suffit peut-être de mettre un pull de plus dans la journée, une couverture supplémentaire la nuit !
1 °C de plus dans la maison fait augmenter de 7 % la consommation d'énergie. Moins se chauffer, c'est bon pour la planète et pour le porte-monnaie !

Même sur un balcon, on peut cultiver quelques fruits et légumes ! Commence par les tomates, les fraises et les herbes aromatiques...

Plante ta salade d'été...

… et ton dessert gourmand

Plante les fraisiers en mars-avril, et tu pourras cueillir tes premières fraises aux alentours du 15 mai. Et surtout, garde-les d'une année sur l'autre :

c'est une plante vivace !

La ferme des rescapés

Véréna et sa fille aiment les animaux.
Dans leur ferme du Lot, elles accueillent 600 animaux malades, abandonnés ou destinés à l'abattoir. Chiens, chats, chevaux, poneys, vaches, ânes, chèvres, volailles... Tout ce petit monde vit librement, entouré de beaucoup d'amour, sur 30 hectares de prairies. Petits et grands, à poils ou à plumes, valides ou handicapés... eux aussi, comme les hommes, doivent apprendre à cohabiter et à se respecter. Une belle arche de Noé !

www.la-ferme-des-rescapes.org

Chaque créature reflète quelque chose de Dieu et a un message à nous enseigner.

Pape François – *Laudato Si*

Je suis éco-délégué !

« On a organisé un grand ménage dans notre ville et ramassé 5000 mégots sur les trottoirs », « On a créé une table antigaspi à la cantine, où chacun peut déposer le yaourt ou la compote qu'il a pris en trop au self », « On a réfléchi avec les profs pour diminuer le nombre de photocopies »... Ces actions ont toutes été imaginées et organisées par des éco-délégués. Tu connais ? Dans les collèges et les lycées français, les élèves élisent chaque année des éco-délégués. À eux de faire respecter les petits gestes quotidiens (éteindre les lumières, trier les déchets...), et de proposer des initiatives pour diminuer au maximum l'empreinte environnementale de leur établissement. Tu te présentes aux prochaines élections ?

À table !

Chaque année, en France, on jette en moyenne 29 kg de nourriture par habitant. Et, si l'on tient compte de la nourriture gâchée chez les agriculteurs, chez les fabricants, sur les marchés, dans les supermarchés, les cantines, restaurants, etc., on arrive à 155 kg d'alimentation gaspillée par Français. À l'échelle du monde, un tiers de la nourriture est perdue. C'est énorme !
Alors inspecte le frigo et prépare des « assiettes de restes » ! Propose aussi à tes parents d'installer l'appli « To Good To Go » : quand des commerçants et des restaurateurs ont des invendus, ils les signalent et tu peux les acheter moins cher : la poubelle se vide !

Thérèse de Lisieux

Faire ce qu'on a à faire... dans la joie et par amour

Elle est devenue religieuse à 15 ans ! Joyeuse et drôle, elle était attentive aux sœurs de son couvent. Sans râler, sans avoir l'impression de sacrifier sa vie. L'important pour elle était de faire les choses simples et ordinaires du quotidien avec amour. Elle disait que la prière peut déplacer des montagnes. À tel point qu'elle a écrit dans son journal : « Quand je serai au ciel, je prierai pour les vivants, afin qu'ils aiment comme Dieu nous aime. »

PARDON

Prière du soir

Avant de dormir,
tu peux offrir ta journée à Dieu.

Dis-lui **MERCI**
pour les moments de joie, d'amitié, de partage, d'entraide.

Demande-lui **PARDON**
pour les gestes maladroits, les paroles blessantes.

Ouvre-lui ton **CŒUR** tel qu'il est.

Raconte-lui les **ÉMOTIONS** qui te traversent.

Et demande-lui de t'aider à l'écouter et à le suivre
encore un peu mieux demain.

Fabrique ton sac à vrac

Sur les marchés, dans les épiceries bio et
dans de nombreux supermarchés, on peut acheter en vrac.
Cela limite les emballages superflus.

Pour te fabriquer un sac à vrac, il te faut :

Un lacet

une épingle de nourrice

un morceau de coton de récup' (vieux drap...) de 40 X 25 cm (ou 30 X 25 cm)

une machine à coudre et du fil

Astuce :
Si tu n'a pas de machine à coudre, récupère les filets de pommes de terre. Pour acheter les fruits et légumes, ils sont parfaits : légers et aérés ! Et pour le riz, les pâtes, les lentilles, récupère les sachets qui contiennent les céréales.

1. Plie en deux ton tissu sur la longueur, à l'envers. Tu obtiens un rectangle de 25 cm de base.

2. Couds la base et un côté à 1 cm du bord. Arrête-toi à 1 cm du bord. Voilà déjà un sac !

3. Replie l'ouverture pour former un « tunnel » de 1 cm. Couds tout le long de ce tunnel.

4. Grâce à ton épingle de nourrice, passe le lacet par la petite entrée de ton « tunnel » et noue-le à l'autre bout.

5. Retourne ton sac, c'est fini !

N'oublie jamais le B.I.S.O.U. !

Oh, tentant, ce zigouigoui qui pétille !
Génial, ce gadget à paillettes, cette gourde multifonction, ce t-shirt nouvelle coupe ! Avant de réclamer quelque chose, prends le temps de lui faire un petit bisou. Un quoi ? Un B.I.S.O.U.

B comme Besoin :
ai-je vraiment besoin de ce truc ?

I comme Immédiat :
tout de suite, maintenant… vraiment ?

S comme Semblable :
à la maison, n'ai-je pas déjà un peu la même chose ?

O comme Origine :
d'où vient ce truc ? Par qui a-t-il été fabriqué, dans quelles conditions ?

U comme Utile :
est-ce vraiment utile ou puis-je m'en passer ?

On peut trouver
du bonheur dans les relations
avec les autres, en rendant service,
en développant ses talents,
en créant, en étant en contact
avec la nature, en priant.
Pape François – *Laudato Si*

José crée une banque verte et solidaire

José a 7 ans quand il a une idée de génie pour aider les enfants pauvres de son pays, le Pérou. Il crée une banque écologique réservée aux moins de 18 ans ! Les enfants apportent 1 kilo de déchets recyclables par mois et reçoivent en échange un peu d'argent sur leur compte. Ils économisent ensuite pour pouvoir s'acheter des fournitures scolaires ou payer leur cantine. Les déchets récoltés sont vendus à des entreprises de recyclage pour être transformés.

Douze maisons en une

Salomé a 8 ans. Elle vit dans un « éco-hameau » : douze maisons collées les unes aux autres, sur un grand terrain. *« Ma maison n'est pas très grande, mais dans le hameau il y a une maison qui sert à toutes les familles. On y a mis les livres et les jeux qu'on veut bien prêter aux copains. Parfois, on y mange tous ensemble. Il y a aussi deux chambres d'amis et une salle de bain pour les invités. En tout, il y a 16 enfants dans notre hameau. On va à l'école à pied, avec deux parents. Ça fait un long pédibus ! »*

Une ruche dans mon jardin

Dans de nombreuses communes de France, des associations d'apiculteurs aident les familles à installer une ruche chez eux. Si tu as un jardin assez grand pour qu'une ruche soit installée dans un endroit protégé, parles-en à tes parents. Les abeilles ne piquent que si elles sont dérangées. Pas question qu'un ballon atterrisse sur la ruche ou que tu installes ton transat à côté ! Mais, à condition qu'on respecte leur tranquillité, les abeilles aideront les fleurs à se reproduire et fourniront du bon miel pour tes tartines. Miam !

François d'Assise

L'amoureux de la nature

Il était riche, il aimait faire la fête, bien manger et bien boire. C'était un dragueur qui aimait aussi se battre. Et puis un jour il en a eu marre de cette vie. Il a donné tout ce qu'il avait, s'est vêtu d'une tunique en toile et est parti vivre dans la plus grande simplicité. Il s'émerveillait de tout, surtout de la nature et des animaux. Pour lui, toutes les Créatures parlaient de Dieu. Les animaux, les plantes, il les appelait ses frères et sœurs. Il est le saint patron de tous ceux qui travaillent pour l'écologie.

Cantique de saint François

« Saint François est un exemple pour nous tous. Il vivait avec simplicité, dans une harmonie avec Dieu, avec les autres, avec la nature et avec lui-même. Et cela le rendait joyeux. »

Pape François – *Laudato Si*

Loué sois-tu, mon Seigneur, avec toutes tes créatures,
spécialement messire frère Soleil,
par qui tu nous donnes le jour, la lumière.
Loué sois-tu, mon Seigneur, pour sœur Lune et les étoiles
claires, précieuses et belles.
Loué sois-tu, mon Seigneur, pour frère Vent,
et pour l'air et pour les nuages,
pour l'azur calme et tous les temps :
grâce à eux tu maintiens en vie toutes les créatures.
Loué sois-tu, Seigneur, pour notre sœur Eau,
qui est très utile et précieuse.
Loué sois-tu, mon Seigneur, pour frère Feu,
par qui tu éclaires la nuit :
il est beau et joyeux,indomptable et fort.

Loué sois-tu, mon Seigneur, pour sœur notre mère la Terre,
qui nous porte et nous nourrit,
qui produit la diversité des fruits,
des fleurs multicolores et des herbes.
Loué sois-tu, mon Seigneur, pour ceux
qui pardonnent par amour pour toi ;
qui supportent épreuves et maladies :
heureux s'ils conservent la paix,
car par toi, le Très Haut, ils seront récompensés.

D'après un cantique de saint François d'Assise

Trier, donner, recycler, partager !

Rassemble dans des sacs les affaires que tu ne mets plus mais qui sont en bon état puis apporte-les à des associations. Elles seront données ou vendues peu cher à des gens qui ont peu de ressources.

Beaucoup de communes ont installé des boîtes à livres dans la rue. Les gens viennent déposer les livres qu'ils ont lus et en prendre d'autres. Bonus : laisse un mot dans un livre que tu as aimé pour partager ton coup de cœur avec un futur lecteur !

Même ce qui est cassé peut parfois être réparé. Apporte ce matériel abîmé dans une ressourcerie qui se chargera de le bricoler pour le recycler.

4 mots-clés pour s'alimenter sans polluer

Local

Choisis les fruits et légumes cultivés
le plus près de chez toi...

Bio

L'agriculture biologique utilise des engrais naturels
et non des produits chimiques.
Ils sont meilleurs pour la santé... et pour la terre !

De saison

Mange des fruits et des légumes de saison,
selon ce que nous offre la nature. Les fraises et les tomates
n'ont rien à faire dans ton assiette en hiver !

Équitable

Certains produits, comme le chocolat, viennent de loin.
Assure-toi qu'ils aient le label « équitable ».
Il prouve que leurs producteurs ont reçu un salaire correct.

L'Église se met au vert

L'Église en France a lancé le label « Église verte »
pour suivre les chrétiens déjà engagés dans la conversion
écologique et encourager les autres à s'y mettre.
Chaque paroisse peut demander à avoir ce label.
Elle s'engage alors à revoir l'isolation des bâtiments,
les moyens de chauffage, la consommation d'eau, d'électricité
ou de papier, à produire des fruits et des légumes
sur ses terrains, à célébrer et à parler de la Création au caté...
Église Verte a aussi une version pour les familles !
De nombreux lieux d'Église aident les chrétiens
à devenir éco-responsables. Va voir page 30.

www.egliseverte.org

Poubelle, ma ville ?

Tu connais le plogging ? Facile, c'est un mélange de jogging et… de ramassage de déchets ! Dans la nature ou dans la ville, il s'agit de courir utile. Cela dit, si tu préfères marcher, aucun problème ! Tu peux même prendre en photo ta moisson d'ordures, la poster sur Instagram, par exemple, avec quelques mots-clés bien choisis : le nom de ta ville, puis #trashtag ou #cleanwalk par exemple. Ça incitera les autres à faire comme toi !

Fabrique tes goûters !

Ouvrir un paquet de biscuits… c'est facile, c'est pratique ! Mais la pâtisserie industrielle est grasse et sucrée, contient la plupart du temps de l'huile de palme, dont la culture intensive est néfaste pour l'environnement, et est très emballée : carton, barquette, sachet individuel…

- Si tu fais un gâteau le mercredi et un autre le dimanche, tes goûters de la semaine sont prêts !
- Pas suffisant ? Pense à la tartine de pain beurrée avec des carrés de chocolat…
- Et si tu tiens à tes petits gâteaux de marque, rendez-vous sur **www.lasupersuperette.com** pour reproduire de célèbres recettes.

Quand tout s'arrête

Pense aux confinements que nous avons tous vécus pendant l'année 2020. As-tu eu l'impression d'avoir plus de temps ? Moins de temps ? Que retiens-tu de cette pause forcée ? Écarte tes mauvais souvenirs et regarde ce qui a été positif : peut-être y a-t-il des choses à conserver ?

Un camp scout qui ne laisse pas de traces

Émeline fait partie d'un groupe scout.
Ce qu'elle aime : passer du temps avec ses amis, en plein air, se débrouiller avec peu de chose, débattre, réfléchir, jouer, chanter, prier. Cet été, leur défi, c'est le « zéro déchet » !

Le développement intégral, késaco ?

Protéger l'environnement

En protégeant les océans, les forêts, l'atmosphère, on protège l'espace vital des hommes et des animaux. C'est essentiel !

« Tout est lié. Protéger notre propre vie.
Protéger la nature. Protéger les hommes. »

Pape François – *Laudato Si*

Des forêts en liberté

Certaines forêts françaises sont plantées d'arbres souvent tous identiques, coupés ensuite d'un coup. Normal, on a besoin de bois pour construire... Mais parfois l'homme intervient trop. Les animaux et les plantes sauvages en souffrent. Alors des citoyens se regroupent pour acheter des forêts, et les laisser libres : aucun forestier n'intervient, on laisse faire la nature. Ils supposent que les arbres, les plantes, les animaux se défendront mieux seuls contre le réchauffement climatique. Bienvenue, cerfs, écureuils, lichens, hêtres, champignons, lierre... débrouillez-vous entre vous !

Louez le Seigneur, tout l'univers !

Alléluia ! Louez le Seigneur,
ciel et terre et tous les univers.

Louez le Seigneur,
soleil et lune et toutes les étoiles.

Louez-le, feu et grêle, neige et brouillard, vent d'ouragan.

Louez-le, montagnes et collines.
Louez-le, bêtes sauvages et troupeaux,
reptiles, poissons et oiseaux qui volent.

Vous, les rois et tous les peuples de la terre,
Vous les enfants, vous les adultes, vous les vieux,
Vous tous qui êtes proches de lui,
louez le Seigneur, Alléluia !

D'après le psaume 148

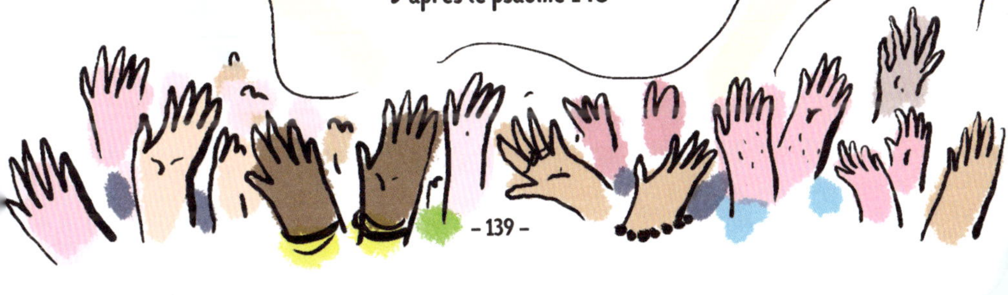

Mamie a une coloc'

Mamie-Thé, la grand-mère de Pierre, habite loin de chez lui. Elle est âgée et les parents de Pierre s'inquiètent pour elle. Mais depuis la rentrée tout va bien : Élisa, qui commence ses études dans la ville où vit Mamie-Thé, a emménagé dans la chambre d'amis. Tout le monde est content : Élisa, qui profite du grand appartement, des bons repas de Mamie-Thé et de ses bavardages. Mamie Thé, qui est ravie d'avoir de la compagnie et un coup de main au besoin. Pierre et ses parents, qui sont rassurés.

Sobriété

Ce drôle de mot veut dire « simplicité ».
Vivre avec sobriété, c'est vivre avec le nécessaire, sans s'encombrer de superflu. Cela ne veut pas dire vivre tristement ! On peut se faire plaisir, et éprouver beaucoup de joie avec peu. Ça permet de se centrer sur l'essentiel pour être heureux : aimer et être aimé !

On coupe le wifi ?

À l'automne 2018, à Hambourg, en Allemagne,
150 enfants ont manifesté dans la rue. Sur leurs banderoles,
on pouvait lire : « Je vaux plus que ton écran ! »
« Lâche ton smartphone, joue avec moi ! »
Il faut le reconnaître : les écrans nous attirent
comme des aimants, au point de nous faire négliger les personnes
qui sont vraiment là, avec nous. Si tes parents, tes frères et
sœurs sont accros, et si tu as toi-même chopé le virus (avoue !),
remplis cette ordonnance médicale :

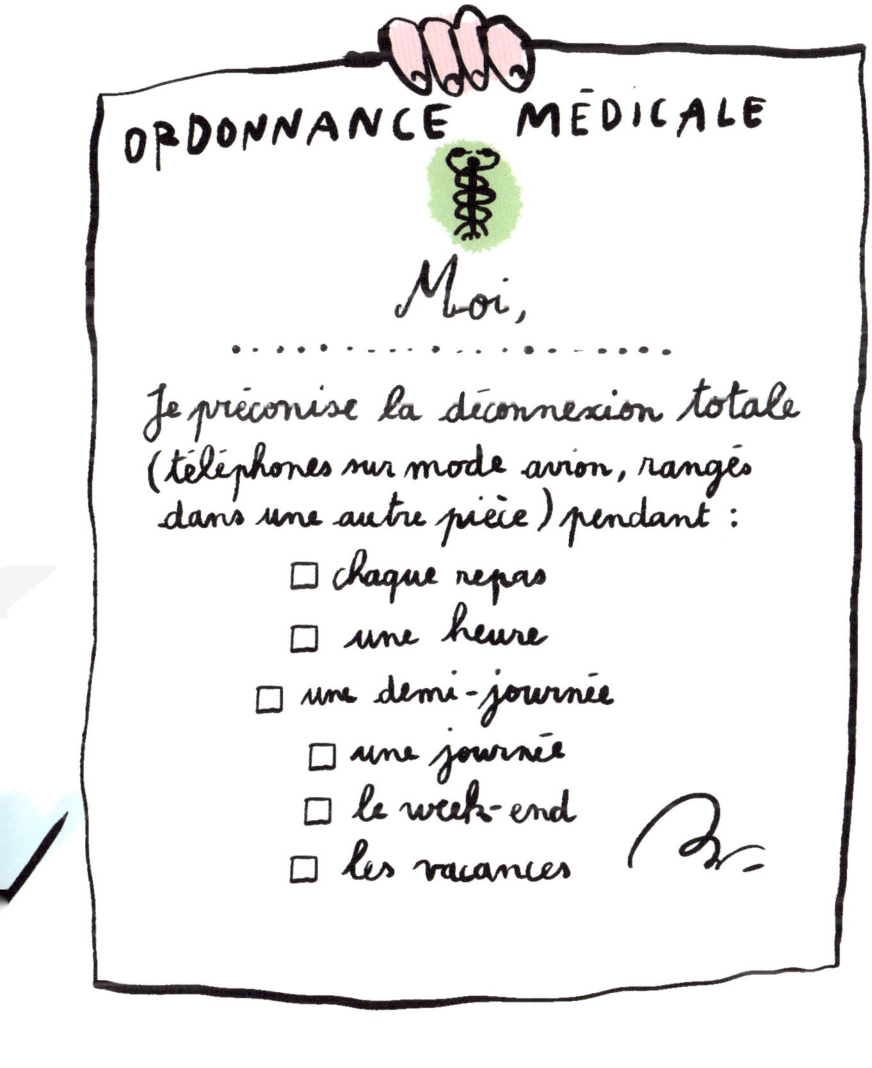
ORDONNANCE MÉDICALE
Moi,
Je préconise la déconnexion totale
(téléphones sur mode avion, rangés
dans une autre pièce) pendant :
☐ chaque repas
☐ une heure
☐ une demi-journée
☐ une journée
☐ le week-end
☐ les vacances

Wangari Maathaï

La femme qui plantait des arbres

Parce qu'un arbre donne de l'ombre, abrite les oiseaux et les animaux de la forêt, protège les sources et les sols, produit des fruits et aussi du bois pour le feu… Wangari a planté 30 millions d'arbres dans son pays, le Kenya. Elle a non seulement sauvé des forêts entières mais aussi formé 30 000 femmes aux métiers de la forêt, à l'agriculture… Grâce à leur travail, ces femmes ont une vie meilleure… et plus tard leurs enfants pourront travailler le bois ou la terre. C'est ça, le développement durable !

Pose des bombes (de graines) !

Les bords de route, les terrains vagues, les fossés, les pieds d'immeuble… beaucoup d'espaces sont délaissés. Et si on y semait des fleurs ou des légumes ? Pour cela, fabrique des « bombes de graines ».

1. Mélange de la terre et de l'argile pour former des boules de la taille d'une balle de ping-pong.
2. Avec ton pouce, forme un trou dans ta boule.
3. Place dans le trou une dizaine de graines. Soit des graines que tu as achetées, soit des graines prises sur des plantes ayant déjà fleuri.
4. Referme le trou.
5. Fais sécher ta boule dans une boîte à œufs.

Une semaine après, elle est prête. En passant à proximité de ces lieux, à pied, à vélo, en voiture, lance ta boule de graines : elle libérera les graines en tombant sur le sol. Il ne manquera plus que la pluie !

Des enfants récompensés

Nkosi, en Afrique du Sud, s'est battu pour que les enfants malades du sida ne soient pas rejetés.
Om Prakash, en Inde, pour que les enfants ne soient plus obligés de travailler dans les champs.
Mayra, au Brésil, s'est battue pour que les enfants des bidonvilles aillent à l'école.
Francia, en République dominicaine, pour que les bébés de son pays aient tous un nom et une nationalité.
Kesz, aux Philippines, s'est battu pour que les enfants à la rue puissent être soignés,
Divina, au Cameroun, pour que les enfants refusent la violence terroriste.

Depuis 2005, chaque année, le Prix international de la Paix des Enfants récompense un jeune qui se bat pour le respect des droits des enfants (voir page 32).

Chaque peuple a sa culture,
sa manière de vivre, sa religion.
Tout cela est infiniment précieux
et doit être protégé absolument.
La diversité est une richesse.

Pape François – ***Laudato Si***

J'ai fait un rêve...

Et si, dans ma ville, mon village, on réussissait
à se passer de pétrole, de gaz, de charbon ?
Et si on se chauffait grâce au soleil ?
Et si tout ce qu'on mange était cultivé ou élevé tout près ?
Et si les adultes n'étaient pas obligés de faire
des kilomètres pour se rendre à leur travail ?
Et si la plupart des habitants se déplaçaient en vélo ou à pied ?
Et si on évitait au maximum de produire des déchets ?
Et si on s'entraidait pour que personne ne se sente exclu ?
Et si on imaginait ensemble l'avenir de ma ville, mon village ?
Un rêve ?

C'est le projet du mouvement international
des « villes en transition », né au Royaume-Uni en 2006.

Greta Thunberg

Agir, tout de suite !

En 2018, Greta a 15 ans. Elle manifeste seule devant le Parlement suédois contre l'inaction des adultes face au réchauffement climatique. Si personne ne se bouge pour l'avenir de la planète, est-ce la peine d'aller à l'école ? Sa « grève scolaire pour le climat » convainc des milliers de jeunes de manifester pour le climat. En septembre 2019, l'Onu l'invite à son Sommet mondial pour le Climat, à Washington. Au micro, en rage, elle renvoie les dirigeants du monde entier à leurs responsabilités : « Des écosystèmes entiers s'effondrent, et tout ce dont vous pouvez parler, c'est de l'argent ? Comment osez-vous ? » Les plus jeunes ont leur mot à dire !

« Le septième jour, Dieu avait achevé l'œuvre de création qu'il avait faite. Alors ce jour-là, il se reposa. Et il bénit ce septième jour. »

Livre de la Genèse 2, 2-3

Où est le bouton « pause » ?

Des journées bien remplies, un emploi du temps qui déborde… Parfois, dans nos vies, on a l'impression de courir partout : il y a toujours quelque chose de prévu. Dans notre société, ne rien faire, c'est mal vu ! « Qu'est-ce que tu fais encore à traîner ? » Pourtant, donner un coup de frein à cette frénésie, ce serait bon pour notre planète et pour nous. Les religions, elles, prévoient toutes un jour de pause… un jour pour s'arrêter, sans rien entreprendre ni acheter, pour contempler, se poser, pour prier et dire toute sa gratitude. Bon dimanche, les chrétiens !

« Ce que vous faites aux plus fragiles, c'est à moi que vous le faites. »

Les chrétiens s'engagent pour prendre soin
des hommes qui vivent sur la Terre. Pour eux, c'est une manière
de répondre à l'appel de Jésus dans l'Évangile :
« Aimez-vous les uns les autres, comme moi je vous ai aimés. »
Jésus dit même :
« À chaque fois que vous faites du bien
au plus petit parmi mes frères,
c'est à moi que vous le faites. »
Et il donne des exemples :
« J'avais faim, et vous m'avez donné à manger.
J'avais soif et vous m'avez donné à boire.
J'étais un étranger et vous m'avez accueilli.
J'étais nu et vous m'avez habillé.
J'étais malade et vous m'avez rendu visite.
J'étais en prison et vous êtes venus jusqu'à moi. »

D'après l'Évangile selon saint Matthieu 25, 31-46

Et moi dans tout ça ?

Ce livre t'a montré plein d'exemples pour prendre soin de l'environnement et des hommes. Tu fais toi aussi déjà des choses ? Seul, en famille, à l'école... Et ce livre t'a certainement donné d'autres idées ? Cette page est pour toi !

Ce que je fais déjà...

Je...

Je...

Avec mes parents, nous...

Dans ma famille, nous...

Dans ma classe, nous...

Ce que je voudrais faire en plus

Je...

Je...

Convaincre mes parents de...

Proposer à ma famille de...

Suggérer à ma classe de...

Parler à mes amis de...

**Au cœur de ce monde,
le Seigneur de la vie
qui nous aime tant
continue d'être présent.
Il ne nous laisse pas seuls.
Son amour nous porte
pour trouver de nouveaux chemins.
Loué soit-il.**

Pape François – *Laudato Si*